I.N.R.I
ABREGE
DE LA VIE ET PASSION
DE NOSTRE SAVVEVR
IESVS CHRIST
Auec les figures, et quelques
reflections sur les principaux
Mysteres
A PARIS
Chez la Veufue Ioron, Rue St Iacques, a l'im-
primerie de taille douce, proche la fonteine St Benoist.
Auec priuil. du Roy.

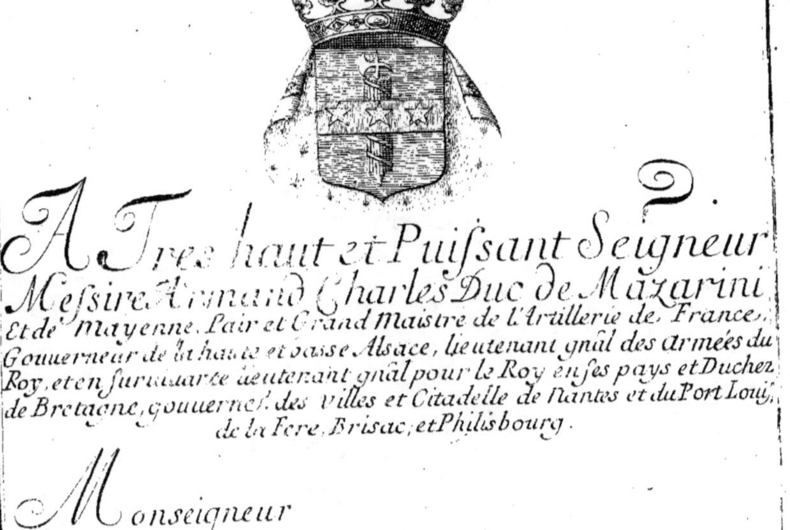

A Tres haut et Puissant Seigneur Messire Armand Charles Duc de Mazarini Et de Mayenne, Pair et Grand Maistre de l'Artillerie de France, Gouuerneur de la haute et basse Alsace, lieutenant gnál des armeés du Roy, et en suruiuance lieutenant gnál pour le Roy en ses pays et Duchez de Bretagne, gouuerner. des villes et Citadelle de Nantes et du Port Louïs, de la Fere, Brisac, et Philisbourg.

Monseigneur

Si ie uiens presenter a vostre pieté l'histoire des dernieres souffrances du fils de Dieu, et les principales uertus quil nous y enseigne, C'est plustost pour faire restitution qu'un present. Cet ouurage Monseigneur est bien plus uostre que mien, et l'expression continuelle que vous faites de tant d'actions heroïques sur ce diuin modele, a la veüe et a l'edification de toute la France ou plustost de tout le monde, est beaucoup plus fidele, que le burin des graueurs et la plume des personnes de pieté qui s'y sont employés. Souffrés donc Monseigneur que ie mette deuant uos yeux, ce que uous aués tousiours dans uostre coeur, pour passer sous uostre protection entre les mains de tant de personnes, ou qui ignorent ces uertus toutes diuines, faute de reflection, ou qui uiuent comme s'il les ignoroient, faute de courage; affin que l'exemple du fils de Dieu les releue de ce premier deffaut, et le uostre Monseigneur du second, qui leur apprendra qu'auec le secours du ciel il n'y a rien qu'un bon coeur n'entreprenne auec succés, lors quil n'y regarde que la gloire de Dieu et les auantages de son salut. Ce sera donc a vous Monseigneur si uous me faites l'honneur d'agréer ce petit ouurage, plustost qu'à mon trauail, que le public aura autant d'obligation des auantages quil en retirera, que moy, si uous souffrés que ie contribüe de quelque chose a l'accomplissement des S.ts desirs dont uous bruslés continuellement pour le salut de tout le monde, et si uous agreés les respects et les seruices

Monseigneur

De Vostre tres humble et tres obeïssante seruante Fr. Poirier veufue de Fr. Ioron.

Au Lecteur

Considerant auec douleur et recherchant auec soin la source du mespris et de labus, que fait la plus grande partie des Chrestiens, non seulement des commandemens de Dieu, mais méme de son sacré nom et de ses plus adorables mysteres, quils prophanent ordinairement par des iuremens et blasphemes execrables; Iay crû que la premiere estoit lignorance, causée par le deffaut de quelques reflections serieuses sur la presence continuelle de Dieu, sur sa grandeur et sa bonté, et sur la uerité de ses principaux mysteres. En effet qui seroit celuy qui oseroit contreuenir a ses sts ordres, si il le croioit tousiours present? qui seroit-ce qui auroit la hardiesse de uirer son s.t nom et blasphemer sa diuine et adorable mort, si il consideroit la sainteté de ses sacrés et redoutables mysteres? Enfin qui oseroit offenser Dieu, si on auoit la moindre connoissance de sa grandeur, de sa iustice, et de sa bonté. mais helas! nous ne le connoissons pas; et nous ne le connoissons pas, parceque nous ne le uoulons pas connoistre, et nous ne le uoulons pas connoistre, depeur déstre obligés de quitter nos mauuaises habitudes: Et cependant il y ua de nostre damnation, il y ua de la perte du Paradis et de la possession de Dieu pour toute léternité. Cessons enfin Cher Lecteur, Cessons dáymer et déntretenir cet'ignorance uolontaire; commençons a connoistre celuy, dont la parfaite connoissance fera le bonheur acompli de tous les saints dans léternité. Employons tous les moyens possibles pour executer ce bon dessein. Allons aux predications et aux instructions particulieres, appliquons nous a la lecture des bons liures, et si le trop grand nombre semble uous acabler, ou le choix uous en paroist difficile, souffrez que ién mette un entre uos mains, si court, quil ne uous peut causer dénnuy, si intelligible, que les seules figures grauées pour la plus grande partie par les meilleurs graueurs de ce siecle, peuuent suffir pour uous en donner lyntelligence; mais si sainct et si rempli de merueilles, que le suiet est, et sera eternellement léntretien et les delices du Paradis. Que si uos occupations ne uous permettent pas de donner tout le temps necessaire, pour lire toute de suite cette diuine histoire des dernieres souffrances du fils de Dieu (ce que ie Conseillerois toutefois, de faire une fois ou deux lánnée, en lisant seulement la premiere colomne de chaque stampe, pour imprimer bien auant dans lésprit ce que la charité dún homme Dieu a fait pour les pecheurs) au moins uous en donneront elles assez, pour ietter les yeux chacque iour, sur le suiet dúne seule figure. Cést ce qui má fait distinguer cet oeuure en autant de partie, quil y a dimages, et diuiser le recit du mystere qui y est contenu en trois points, pour uous donner lieu de uous arester quelque peu de temps a chacun diceux, et dén tirer les instrucions quil plaira a sa diuine bonté de uous inspirer, y ayant méme adiouté pour uostre soulagement, quelques reflections tirées des plus saincts et des meilleurs autheurs, que iay mises a la seconde colomne, chacune respondant a un des trois points de la premiere.

Au reste si cet'œuure ayant deux parties, iay commancé par la derniere,
n'ayant pû uous donner les deux si promptement, C'est que iay estime que
la mort du Sauueur estant la fin, pour la quelle il a entrepris cette dou-
loureuse carriere d'une vie de trente trois ans et plus, elle contenoit en
elle ce quil y a de plus touchant dans le reste de sa vie, qu'en elle on y trou-
uoit tant d'exemples de charité, d'humilité, de douceur, de patience, enfin
de toutes les uertus, qu'elles pouuoient seules, en attendant le reste de sa uie,
seruir d'antidote et de remede à nos maux et a nos uices, et enfin que tout ce qui
s'y rencontre est si pressant, qu'il semble suffir seul a porter les plus grands pecheurs a la penitence, et de la penitence a la saincteté; et qu'elle sera Capable
de donner une s.te ardeur aux cœurs les plus tiedes, même aux plus froids, de
lire et relire milesois toute la uie du fils de Dieu, c'est a dire de ioindre la premiere partie de cet'œuure a la seconde, que i'espere dans peu de temps adiouster
a ce petit uolume, si Dieu y donne sa benediction, et que uous l'agreiés de la
part d'un pécheur, qui uous supplie de presenter a Dieu uiuant et mourant
le merite de ses souffrances et de uoss.tes prieres pour sa conuersion.

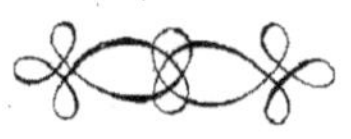

Approbation.

Quelque dureté qui soit dans le coeur de la pluspart des Chrestiens, il
est difficile qu'ils puissent considerer attentiuement les sacrez mysteres qui
sont representez dans ce liure, et faire une serieuse reflexion sur les poincts
marquez au bas de chasque figure, sans conceuoir un ardent amour de
Dieu, et une grande horreur du peché. C'est pourquoy comme cet ouurage
peut beaucoup contribuer a la sanctification des ames, et qu'il ne contient rien
que de tres pieux : on peut tres utilement le donner au public. C'est le tesmoignage que ie rends a la verité.   A Paris ce 9. mars 1663.

Cl. Bottu de la Barmondiere
P. Docteur en S. T. de la maison de Sorbonne.

huius Operis literas insculp. F. Lapointe.

1 Nostre Seigneur uoulant donner aduis de sa mort a ses disciples, vous sçauez, leur dit il que la feste de Pasques se celebrera dans deux iours, mais uous sçaurés de plus que le fils de lhomme sera trahy et crucifié.

2 En effet les premiers dentre les prestres et de plus grande authorité parmy les peuples tenoient lors conseil Chez Cayphe leur souuerain Pontife, ou ils deliberoient des moyens de se saisir de la personne de Iesus, et de sén deffaire a petit bruit.

3 Comme Iudas se uint presenter a eux et leur promit de liurer entre leur mains nostre sauueur pour une somme de trente deniers.

1 Adorons la bonté de Dieu qui dispose ainsi les siens aux afflictions, et nous apprend a nous y preparer de bonne heure de peur quelles ne nous prennent au depourueu.

2 Le Sauueur trauaille a la Conuersion des hommes et courre a la mort pour leur salut, pendant quils trauaillent a sa perte? n'imitons nous point plustost ce peuple reprouué par nos enuies et nos uengeances, que les exemples de la charité et de la douceur de Nostre Seigneur.

3 Ce traistre est un des apostres de Iesus, qui est ce donc qui ne craindroit? quend son maistre son bienfaiteur, et son Dieu, de quoy donc nest capable lauarice? il le liure pour le prix dun esclaue, helas ne le liure ie pas souuent pour moins? pour un plaisir dun moment. &c.

Iesus mange l'Agneau paschal, auec ses Apostres

1 Lè iour des pains sans leuain estant uenu, les disciples du Sauueur luy demandent en quel lieu il uouloit faire cette ceremonie.

2 Iesus commande a S.t Pierre et a s.t Iean d'aller en
Ierusalem, de suiure un homme quils rencontreroient
portant une cruche pleine d'eau, et de faire les apprê-
sts en une grande salle, que le maistre de la maison
ou ils uerroient entrer cet homme leur monstreroit.

3 Sur le soir le Sauueur y arriue auec ses douze Apostres, et s'estant mis a table, il mange auec eux l'agneau
paschal, et leur declare le grand desir quil auoit eu de
faire cette Pasque, qui seroit la derniere de sa uie mortelle.

1 Apprenons de cet exemple l'exactitude a garder tout
ce qui est de nostre denoir, et a preuenir l'obeissance
tant quil nous est possible.

2 Apprenons a oheir promptem.t et a l'aueugle aux ordres
qui uiennent de la part de Dieu, qui nous fera enfin recō-
noistre quil fait tout auec sagesse, et dans la ueue de nr̄e biē

3 Considerans auec quelle feruuer, le Sauueur, en demē-
brant cet agneau, ua goustant a longs traits les douleurs quil deuoit souffrir au temps de sa passion, dont
cette ceremonie estoit la uraye figure, admirons et
imitons son amour pour les souffrances, et le grand
desir quil a de les endurer pour des pecheurs.

1 Ce fut un grand surcroist de douleur à ces bons disciples, lors quils apprirent de leur cher maistre, que celuy qui le deuoit trahir estoit parmy eux, mais une grande leçon dhumilité, le uoyant prosterné a leur pieds pour les lauer, et les essuyer luy mesme.

2 St. Pierre refuse cet honneur, et il ne laccepta quápres auoir entendu, quil y alloit de la perte des bonnes graces de Iesus, son bon maistre, et son Dieu.

3 Nostre seigneur séstant remis a table comande a ses disciples de suiure cet exemple, le seruiteur, dit il, néstpas plus que son maistre, ny lambassadeur que celuy qui lénuoye.

1 Quelle douleur mon Iesus! uous connoissés ce traistre, et le souffrés auec uous, et nous ne pouuons souffrir une bonne parole en faueur de celuy dont lámitié nous est suspecte: mais quell humilité, et quelle charité! un Dieu aus pieds de douze pecheurs, linnocence incrée aus pieds dún Iudas. Que cést auec raison, mon saueeur, que uous nous inuités a apprendre de uous la douceur et l'humilité.

2 Que ce refus est aimable, qui a lhumilité pour fondement mais quil est sage, quand il se soumet a la uolonté de Dieu, et quil se rend a la crainte de le perdre.

3 Apres cela ne faut il pas estre humble ou infidel.

<table>
<tr><td>

1 Cett'acte d'humilité du sauueur fust suiui d'un acte d'a
mour, qui n'aura iamais d'exemple, Iesus donne
son corps à ses disciples sous les especes du pain;
2 Il donne son sang sous les especes du uin.
3 Et pour comble de graces; il s'oblige de continuer
cette grace, ius qu'a la fin des siecles, adioutant ces di
uines paroles, faites cecy en memoire de moy.

</td><td>

1 Les Apostres estoient rauis de ioye et d'estonnem.t
de porter dans leur cœur le tresor du ciel et de la
terre, et se uoir remplis de consolations celestes.
2 Ils brusloient d'une nouuelle flamme d'amour.
3 Ils se preparoient a souffrir toutes sortes de peines,
pour se rendre dignes d'un don si pretieux; Pre
nés les mesmes sentimens dans la comunion

</td></tr>
</table>

Iesus decouure la trahison de Iudas Et predit a S.t Pierre quil le doit renier trois fois

1 Nostre seigneur pensant à la trahison de Iudas, se trouble de la perte de ce malheureux, et dit a ses disciples, qun déntre eux le doit liurer à ses ennemis.

2 Cette nouuelle effraye tous les Apostres, S.t Pierre desirant sçauoir qui estoit le traistre, interpose sainct Iean qui le demande a son maistre, penchant doucement la teste sur son sein, le fils de Dieu le luy decouure par signe, donnant a Iudas un morceau de pain trempé et luy disant quil se haste de faire ce quil a entrepris.

3 Puis il predit a S.t Pierre quil le renieroit cette nuict la méme, quoyq.t protesta de le suiure iusqu'a la prison et à la mort.

1 Apprenés léstime que uous deués faire des ames, puisq. Iesus safflige si fort pour celle dún si méchant homme.

2 Considerés que cést la pureté de cœur et de corps, qui nous rend familiers auec Dieu, et qui nous fait participant de ses secrets. ne faites iamais rien en cachet, que uous ne desiriés estre ueu de Dieu et des hommes, de peur que sathan ne uous seduise comme Iudas : uous ne pouués rien cacher aux yeux de Dieu.

3 Apprenés a uous deffier de uos forces, puis que les plus forts manquent souuent de courage, quand la tentation est uiolente.

1 Enfin nostre seigneur pour adoucir la triste nouuelle de son depart, fait a ses disciples un long discours autant rempli de misteres que de consolations.

2 Il leur dit, que sils le perdoient bien tost de ueüe, ils le reueroient bientost apres, cependant quil leur alloit preparer le lieu de leur demeure dans la maison de son pere, ou ils arrueroient par luy mesme, qui estoit la uoye aussi bien que la uerité et la uie, quil leur enuoiroit de la son S.t esprit, qui confondant le monde leur enseigneroit les uerités du salut, et demeureroit eternellement auec eux.

3 Il adiouste, que sils croioient en luy, ils seroient des miracles, quils obtiendroient tout ce quils demanderoient en son nom, que pour marque de les amour, ils gardassent ses comandemens, apres quoy il les donne sa paix.

1 Bell'exemple de charité, qui preuient les affligez et mesure les consolations a la grandeur des afflictions.

2 Grande esperance dans degousts qui suruiennent au seruice de Dieu, puisquils ne sont que les semences des plus grandes consolations, puis que Dieu ne se retire de nous que pour peu de temps, et pour augmenter ses graces par les espreuues de nostre fidelité, puis quil nous promet lassistance de son S. esprit, et enfin une recompense qui n'est rien moins que Dieu, au quel nô arruerons par Iesus meme, qui est la uoye, la uerité, et la uie.

3 Si la uraye foy fait des miracles, si l'esperance en Dieu fait obtenir tout ce quon luy demande, si la charité consiste dans l'obseruance de tous ses comandemens, O que ces trois uertus sont rares parmy les hommes, et sans cela neantmoins point de paix.

1 Iesus continuänt son discours se compare a la uigne, et son Pere au uigneron, et dit a ses disciples quils estoient cõme le serment quón retranchoit de son sep et quon iettoit au feu, lors qiul ne portoit point de bon fruit, quils demeurassent donc en luy, affin quil demeura en eux et quils apportassent beaucoup de fruit.

2 Qu'ainsi son pere en sera glorifie, quils serontreconnus pó ses disciples, quil les aymera cõme son pere l'auoitaimé, q; rien de tout ce quils demanderoientne leur seroit refuse.

3 Que pour obtenir toutes ces faueurs, il ny auoit point de moyen plus efficace, que de garder ses commandemens, dont l'un des principaux et quil appelle son commandement par excellence, est quils s'aiment l'un l'áutre comme il les a tous aimé.

1 Quelle consolation pour les bons? quel desespoir pour les mechants? ceux cy sont pour les flammes, et ceux la pour la felicité mes me de Dieu, qui uit en eux pour leur faire porter des fruits dignes de ses obligeantes promesses.

2 Que pourions nous souhaiter dauantage de Dieu pour le peu quil demande de nous, et que ne deurions nous faire pour la moindre de ces faueurs?

3 Il demande un amour reciproque des uns enuers les autres, loy douce et raisonable, qui fait le bien de la societé ciuile et chrestienne, loy auantageuse pour nous, qui oblige les hommes a nous aymer, en nous commandant de les aimer tous, mais c'est la propre loy de Iesus christ quil á pratiqué luy mesme enuers nous, et a laquelle il nous exhorte auec tant d'instance.

Iesus prepare les siens aux persecutions
Et prie pour sa Gloire, pour ses disciples, et pour tous les fi=dels

1 Ensuitte le sauueur encourage ses disciples aux souffrã ces par son exemple, il leur declare quils pleureront pẽdant que le monde se reiouira, et que la persecution sera telle, que par leur mort on croira faire seruice à Dieu.

2 Il leur recomande pourtant de ne se troubler point, puis quils nont pour ennemi que celuy quil auoit deia uaincu, il les asseure quil ne les abandonnera iamais, quils trouueront tousiours la paix en luy, et que leur pleurs mémes se conuertiront en une ioye qui ne leur sera iamais rauie.

3 Enfin Iesus esleuant ses yeux et sa uoix au ciel, il prie põ soy, pour ses disciples, et pour tous les fidels, et ayant fini, il se retire auec ses disciples au jardin des Oliues.

1 Reconnoissés que les disciples de Iesus christ sont marqués a la croix, si donc uous uoulés estre de son party, disposés uous de boneheure a la porter à son exemple et põ lamour de luy.

2 Lénnemi est foible, nostre chef est tout puissant et si fauorable quil sengage de ne uous delaisser iamais, et de nous accorder tout ce que nous luy demanderons en son nom, et sur tout les fruits dúne parfaite paix, et les ioyes dun bon heur eternel, apres cela qui pouroit refuser le combat?

3 Considerés en la peine de Iesus, le modele des uostrés, et le suiet de uostre confiance, priez donc selon son exemple, commançant tousiours par linterest de la gloire de Dieu sans oublier celuy de uostre prochain.

Jesus prie au jardin.

1. Iesus accablé de tristeße à la ueüe de ses tourments, et de l'abus qu'on en feroit, se retire à l'escart au jardin des Oliues.
2. Là prosterné la face contre terre, trempé dans la sueur de sang qui découle de son Corps adorable, il en demande a son Pere la deliurance par une priere außi feruente, et longue, que sousmise à ses uolontes.
3. Il l'interrompt pour interrompre le sommeil de ses disciples qui les expose a la tentation.

1. Ah l'excellente consolation dans les afflictions, que la priere, et la belle disposition pour la bien faire, que la retraite!
2. Qu'ell' est agreable à Dieu auec l'humilité, la feruear, la perseuerance, et une entiere resignation.
3. Beaucoup plus, si ayant la Charité enuers le prochain, pour compagne, elle luy reste enuers Dieu pour le fruict de son zele.

Nostre Seigneur est trahi par Iudas.

1 Iudas suiuant son auarice, et suiui de quelques trou
pes, s'auance uers le Sauueur, qui lui uient au deuant
il le salue, il le baise, et le trahit.

2 Cependant IESUS le traite d'ami, lui demande ce
qu'il uient faire, et enfin luy reproche amiablemẽ
son crime.

3 Ce traistre se retire uers ses troupes, qui tombent
auec lui à la renuerse entendant que c'estoit IESUS.

1 Espouuentable effect de l'auarice et de l'ingratitude,
Mais qu'il y a encore de Iudas aupres du S.te Sacrement

2 O Charité toute diuine aprenez nous a cherir ainsi
nos ennemis, et s'il faut des reproches, que ce ne soit
que pour les conuertir.

3 Il s'esloigne de uous Mon IESUS et il tombe, retenez
moy donc aupres de uous, de peur que ie ne tombe,
ou affin que ie me releue promptement.

1. Le Sauueur s'abandonnant a leur rage, ne deffend que ses disciples, quoi quil n'ignora pas quils deuoient dans peu le renier ou abandonner, laissez les, dit il, aller.

2. Ce pendant St. Pierre se mettant en defence abat l'oreille a Malchus, dont il est repris sur l'heure.

3. Nostre Seigneur la luy remet aussi tost, ne voulant qu'aucun de ses ennemis, non plus que de ses disciples receut aucun mal a son ocasion.

1. Admirons ce trait de Charité, et faite nous la grace, mon Dieu de limiter enuers nos inferie/ mais enuers tous, mesme les plus ingrats.

2. Qu'il est donc dangereux d'entreprendre quelque action uiolente, pour quelque cause que ce soit.

3. Vindicatif aprens icy a pardonner, et à faire du bié a tous. Mais pecheur conçois icy l'horreur du peché, qui rend le Coeur d'un Apostre inflexible à la ueüe de tant de prodiges.

Il est pris, et mené chez Anne.

1 Nonobstant tous ces miracles, l'esprit de tenebres aueuglant ces barbares, ils se ietent auec fureur sur nostre sauueur : ils le lient, ils le frappent, et le traisnent chez Anne.

2 Iesus les uoyant ainsi armez d'espées, et de bastons, il se pleint d'estre traité en laron, ueu qu'ils l'auoient tousiours eu en leur possession dans le temple, ou il leur enseignoit sa doctrine.

3 Cependant ses disciples prennent la fuite.

1 C'est toy pecheur qui le maltraite ainsi, tes crimes, et son amour font ses chaisnes, et cependant tu te pleints de uoir ta uolonté captiue soubs les ordres de ses S.tes uolontes.

2 Mais laissons là ces meschans, c'est dans le temple ou il faut chercher le sauueur, c'est là, ou il s'en faut saisir, et le lier estroitem.t par des chaisnes d'am.

3 Quelle douleur a nostre sauueur ! mais quelle ingratitude de ses disciples ! ne suis-ie point du nomb.

Anne enuoye le Sauueur à Caiphe

1. En cet estat on le fait comparoir deuant Anne qui l'énuoye a Caiphe, son gendre, et le plus grand ennemi du fils de Dieu, qui l'attendoit auec grand nombre de prestres, de scribes et des Antiens qu'il auoit assemblés sur la nouuelle de sa prise.

2. Aussi tost ce grand Dieu chargé de chaisnes et de coups, et d'autant de brocarts, qu'il y auoit de passans est trais né chez ce grand prestre.

3. C'estoit celuy qui auoit donné conseil aux Iuifs, qu'il estoit expedient qu'un homme mou-rut pour tout le peuple.

1. Considerés, quell'est celuy qu'on traduit en iustice auec tant de rigueur, et pour qui. C'est le Createur du ciel et de la terre, pô la plus ingrate de toutes ses creatu-res; le iuge souuerain de l'vniuers, pô des criminels, l'in-nocence incréé pour des pecheurs; un Dieu pô les hômes.

2. Quell'iniure! d'estre ainsi traisné par toute la uille, suiui de tant de peuples et a la ueüe de tant de nations differentes. Quell'iniustice! d'estre ainsi mené chez ceux qui estoient ses iuges et ses partïes.

3. Mais comme le sauueur uouloit mourir pour le salut de tous, il uouloit souffrir de tous.

Iesus est interrogé de sa doctrine et reçoit un soufflet.

1. Ainsi lié on le presente a Caiphe qui pour garder en apparence quelqu'ordre de iustice l'interoge de sa doctrine. Ie nay, dit il, rièn enseigné qu'en publiq, interrogez ceux qui m'ont entendu.

2. Cette response fut suiuie d'un soufflet, auec le reproche de peu de respect enuers le Pontife.

3. Et cet infame soufflet de ces diuines paroles, Si i'ay mal parlé, monstre z'en quoy, sinon pourquoy me frapez uous.

1. Apprenés de la propre bouche du fils de Dieu la deference que uous deués a son eglize, puis qu'il y renuoye ceux qui ne ueulent apprendre les uerités que de luy mesme.

2. Grand parleur, cè soufflet est pour payer tes mensonges, et tes impietez; Vindicatif, pour t'apprendre a reprimer tes passions; Innocent maltraite, a pardonner.

3. Cette responce est en faueur de son ministere et non de sa personne, pour laquelle il n'a que le silence.

<table>
<tr><td>

1 Ce premier acte de iustice ou plustost d'iniustice n'ayant
pas reussi selon les intentions de ces gens atitres et aussi
passionés, que celuy qui les presidoit; on fait
chercher des tesmoins contre son innocence,
dont on recoit les depositions auec autant de
passion, quelles sont remplies de faulsetez et
de contradictions.

2 On n'y trouue rien neantmoins, que quelques
paroles malentendues par des faux tesmoins.

3 Iesus ny respond rien.

</td><td>

1 De quelles crimes ne sont capables l'énuie et le
propre interest; puis quils engagent ces miserables
a poursuiure a mort celuy qui leur uenoit don-
ner la uie.

2 Ne sommes nous point de ces fauls interpretes
qui se pleignent de la rigueur de ses comman-
demens, pour ne les pas uouloir entendre, et
encore moins les suiure.

3 L'Innocence est muete contre la calomnie; et toy
pecheur tu ne peus souffrir tes ueritez.

</td></tr>
</table>

Iesus est condamné a mort et renié pour la troisie.̃ fois par S.ᵗ Pierre

1 Le Pontife irrité de son silence autant que du default de preuie, luy commande au nom du Dieu viuant de luy declarer s'il estoit, fils de Dieu: Il l'auoue, et aiousta qu'il le uerroit uenir porté sur les nues, assis a la droite du Dieu tout puissant.

2 Lors Cayphe dechirant sa robe, l'accuse de blaspheme, et tous ces mauuais iuges declarent qu'il est digne de mort.

3 Cependant S.ᵗ Pierre le renie pour la trois fois. Le Coq chante, Iesus le regarde, il reconnoist sa faute et se retire pleurant amerement

1 Si Iesus n'a qu'un profond silence pour la defence de sa persone, il n'obmet rien pour la defence de la uerité, et l'honneur de son ministere.

2 O Impieté! Mais qui continue tous les iours en la persone d'un pecheur, qui se proposant pour fin de ses actions, la creature, refuse de reconnoistre le Createur, auquel il donne autant de fois la mort, qu'il l'offence.

3 Iustes creignés, pecheurs esperés, et faites penitence. Mais regardés les s'il uous plaist seigneur, ou ils seront perdus.

1 Le Conseil s'estant retiré, il est abandonné à l'inso
lence des soldats, et des ualets, pour le reste de la nuit.
2 Que d'iniures! que de coups! que de crachats dont
ils luy couurent la face auec un sale drâpeau quils
iettent sur ses yeux, luy commandant de deuiner
qui l'auoit frappé.
3 Ce pendant ce grand Dieu souffre tout sans
resistance, et sans pleintes.

1 Hé combien de fois l'auons nous abandonné à nos
puissances, et à nos sens pour l'offencer, mesme a
ceux que nous pouuions arester par nostre autorité.
2 Pecheur tu luy faits ces outrages, Impie tu le cou
ure de ce bandeau, lors que tu te ueux persuader qu'il
ne prend garde de si pres à tes mauuaises actions.
3 Et nous ne pouuans souffrir la moindre attainte
à nostre reputation.

On tient vn second Conseil contre le Sauueur.

1 Le lendemain matin, quoy que l'arrest de mort fust aresté contre le Sauueur, pour faire le tout dans les formes, ils tinrent un Conseil plus nombreux

2 Là Iesus Interogé sur les mesmes chefs d'accusation, il persiste a dire quil estoit fils de Dieu.

3 Mais quil n'ignoroit pas quils ne doneroient aucune foy a ses paroles ni la liberté a son innocence, quoi quil leur en donna des preuues indubitables.

1 Détestons les mauuais artifices de ces iuges, mais aprenons de leur exactitude, a ne nous departir ia mais des regles pour quelque cuuse que ce soit, ni des formes preserites par les loix.

2 Aprenons, de la fermeté du Sauueur a se declarer tel quil estoit au peril de sa uie, la perseuerance au bien et en la defence de la uerité.

3 Bienque ce deut estre sans fruit et sans aucu succes

Il est liuré entre les mains de Pilate
Iudas se desespere, et se pend.

1 Iudas voyant qu'on auançoit la condemnation du Sauueur, sans qu'il se mit en deuoir de se tirer des mains de ses enemis, eut horreur de son crime.	1 Reflection excellente, si ell'eut precedé son crime, aprenes de la à examiner uos desseins auant de les executer, pour conceuoir l'horreur du crime auant que d'estre engagé.
2 Il le va declarer publiquement au temple, il s'ac: cuse, et rend le prix de sa trahison.	2 Belles parties de la penitence, si elles estoient accompagnees d'esperance, et de Charité.
3 Enfin porté de desespoir, il se fait son propre bou: reau, et se pend luy mesme. Cependant on traisne le Sauueur chez le gouuerneur de la Iudée.	3 Fin ordinaire des pecheurs, euités la, ou par la fuitte du peché, ou par une ueritable penitence.

Le Sauueur est interogé chez Pilate qui reconoist son innocence.

1 Pilate uoyant qu'on accusoit ce pretendu criminel
deporter le peuple à la reuolte, de défendre de
payer les imposts, et d'auoir pris la qualité de
Roy, il l'interoge sur tous ces chefs.
2 Mais Iesus ne respond que par son silence,
fors à la qualité de Roy, quil auoüe, mais il
declare que ce n'est pas de la terre, ou il n'est
uenu, que pour rendre tesmoignage à la uerité,
et que tous ceux qui sont de ce party l'enten:
dent uolontiers.
3 Ce Iuge declare quil ne trouue aucune charge
contre luy, et l'enuoye à Herode.

1 Quelle consolation à ceux, dont les uertus pas:
sent pour uices par l'effort de l'enuie, puis qu'vn
Dieu n'est pas exempt de ses calomnies, et quelle
ueut faire passer ses instructions pour des dis:
cours seditieux.
2 Silence que tu es aimable, unique defence de mon
Iesus contre les calomnies, fors celles que regar:
dent l'honneur de son pere ou de son ministere: Di
uine uerité que uous este adorable, faite que ie
n'aye iamais d'oreilles, que pour uous.
3 Venez chez moy mon Iesus, puis que tout le monde
uous chasse, mais disposés tout pour estre bien receu

1 IESUS se laisse mener chez Herode, auec toutes les indignités imaginables, par l'ordre de Pilate, qui s'en uouloit défaire.
2 Ce Prince le reçoit, auec autant de ioye que de curiosité, esperant uoir quelque miracle: mais le sauueur n'a pour ce curieux qu'un profond silence.
3 Il le prend pour un insensé, le fait uestir d'une robe blanche et le renuoye d'ou il estoit uenu.

1 Voyant cette obeissance qui coute si cher à ton Dieu, pourrois tu luy refuser quelque chose?
2 Voyant la punition que merite sa curiosité, qui interdit la parole a la parole eternelle, ne banniras tu point ce uice, qui te priue des plus belles connoissances.
3 Mais considerant un Dieu traité en fou, y aura-il quelque mespris qui te paroisse insuportable.

1 Pilate se uoyant obligé, par le retour de IESUS
Christ, de prononcer sur sa condemnation,
represente de rechef son innocence á ses parties, et le dessein quil auoit de le renuoyer apres
une serieuse remonstrance .

2 Pour y mieux reüßir, il met un insigne uoleur
en paralele auec l'innocence incrée, proposant
la liberté de celuy, dont ils seroient le choix.

3 Mais, nonobstant tous ses efforts, cette po-
pulace mutinée a l'instigation de ses docteurs
demande que Barrabas soit mis en liberté,
et IESUS en Croix.

1O le mauuais iuge! faut il tant deliberer pour
prononcer en faueur de l'innocence; mais tu fais
pis ypocrite. Pilate delibere pour trouuer occasi-
on de l'absoudre, et tu ne delibere que pour le cru-
cifier plus adroitement .

2 Quelle iniure a un Dieu! mais quell'instruction
aux superbes, et á tous les pecheurs, qui preferent
autant de fois Barrabas au saueur, quils preferent le uice a la uertu, et l'honneur du monde
a Iesus christ.

3 Fuis donc ces fauls docteurs, puis quils donnent la
mort a un Dieu dans son cœur; et a ton ame dans l'eternité

Il est foueté

1 Ce mauuais iuge cruel par compaßion, esperant d'aßouuir la rage de ce peuple par le ſang de cet adorable innocent, le condamne au fouet coe un esclaue.

2 Außi tost les bourreaux ſ'en ſaiſiſſent, arachent ſa robe, et estant tout nud le lient à la Colomne.

3 On le charge de coups de fouets, la chaire uole par morceaux de tous costez, et le ſang coule par ruißeaux ſur le paué.

1 Ne fais tu pas comme ce iuge, toy qui faiſant conſcience de luy donner la mort par des pechés mortels, n'en fais point de le dechirer de tous costez par un nombre infini de ueniels.

2 Quelle confuſion à un Dieu, apres cela n'aurois tu point de honte de l'offencer de peur de la honte

3 Nous ſommes autheurs de uos playes, ô mon Dieu, et uous les ſouffrés pour en expier nos fautes, quelle bonté de uostre part, quelle malice de la uostre.

Il est couroné d'éspines.

1 Des mains des bourreaux on le liure en celles dg
soldats, qui luy enleuent sa robe colée sur ses
playes, auec une extreme douleur.
2 Ils y adioustent la raillerie, luy mettant un uieil
manteau de pourpre sur le dos, une couronne
déspines sur la teste; et en ses mains une canne
pour sceptre.
3 Lors le saluant un genouil en terre, soubz le
titre de Roy des Iuifs, ils luy chargent la face
de crachats, et la teste de coups de son roseau.

1 IESUS quitte sa robe si souuent auec tant de dou
leur, pour nous apprendre a tout quitter uolontiers
pour son seruice, quelque peines que nous en resentios.
2 Il accepte cet equipage dúne imaginaire royauté
apres le refus dúne ueritable que luy auoient pre=
senté les peuples, pour nous apprendre a fuir lés
clat des grandeurs, et nén aimer que les espines.
3 Enfin par les outrages de ceux qui ne mettoient
deuant luy qun genouil en terre, il nous fait con=
noistre le peril de ceux qui ne le seruent quia demy.

1 En cet estat si digne de compassion, Pilate fait uenir le Sauueur deuant ses ennemis, leur protestant derechef de son innocence, Voyla, dit il lhomme dont est question.

2 Q'uil soit mis en Croix sescrierent-ils, puisquil sest dit fils de Dieu, il ne peut euiter la mort selon la rigueur de nos loix.

3 Ils adioutent, pour determiner ce Iuge timide que côme IESUS en usurpant le titre de Roy sest rendu criminel de leze Majesté, ainsi Pilate se rendroit ênemi de lempereur par son absolutiō.

1 Voyla lhomme en effet, mais celuy dont linocence a pour iuges ses parties : uoyla lhomme mais un Dieu, et le modele de toute sainteté ; uoyla lhomme, mais uostre Redempteur, qui sest mis en cet estat pour lamour de uous.

2 Mais le monde ne le peut souffrir ses loix sont trop contraires aux siennes. Le quel prefererés uous choisisses.

3 Que les respets humains sont dangereux puis quils portent une conscience timide, iusques a se rendre coupable dun Deicide.

Iesus est condamné au suplice de la croix

1 Enfin ce iuge interessé craignant la disgrace du Prince se met en deuoir de prononcer l'Arrest, mais destour-
né de la part de sa femme aussibien que de sa conscience, il le presente de rechef aux Iuifs disant, voilà ure Roy.

2 Crucifiés le, s'escrient ils, nous n'en reconnoissons point
d'autre que l'empereur, et voyant qu'il lauoit ses mains,
protestant quil estoit innocent de la mort de cet home
iuste : Que la vengence, dirent ils, de son sang tombe
sur nous et sur les nostres.

3 Enfin Pilate donne la liberté a Barrabas, et la mort
au sauueur en le liurant a ses ennemis.

1 Quil est perilleux de prester l'oreille a la tentation,
que les dylaymens a faire la Iustice, et ambrasser
le bien qui nous est presenté, engage en de grandes
peines et de nouueaux pechez.

2 Enfin c'est toy pecheur, qui t'escrie a chaque peché
que tu fais, que tu ne connois point Iesus pour ton
Roy, mais la creature, que tu ueux quil soit crucifié,
et que la vengence de son sang tombe sur ta teste
pour une eternité.

3 Et donnant toute liberté a tes passions, tu liure ton
Sauueur a la Croix, et ton ame aux demons.

Il monte sur le Caluaire

1. Aussi tost que l'arrest fut prononcé, on le des-
pouille de ce manteau de farce, non sans de nou-
uelles douleurs tres cuisantes, et des railleries
insuportables, et on le reuestit de sa propre robe.
2. Puis on luy charge la croix sur le dos et sur ses
playes, qui se renouuelent sous ce pesant fardeau.
3. En cet estat on le presse de marcher en compagnie de deux larrons condamnez a mesme suplice.

1. Il souffre d'estre despouillé tant de fois, pour nous
apren[dre] ... nous desaproprier des choses qui
nous touchent de plus pres.
2. Il ambrasse une croix si pesante du fardeau
de nos pechez, pour nous aprendre à porter celles qui nous presente et compatir a celles d'autrui.
3. Il ua en compagnie de ces larrons, dont l'un sera
santifié, pour nous aprendre l'humilité, et la charité.

Simon se charge de la Croix

1 Enfin les forces luy manquans, on obligea Simon de Cyrene de se charger de sa Croix, pour reseruer le peu qui luy en restoit pour son dernier supplice.

2 Plusieurs Dames suiuoient dans la foule, dont les larmes furent recompensées d'un regard de Iesus, et la charité d'une d'entr'elles des traits de sa diuine face imprimés sur le linge, dont elle l'auoit essuyé.

3 Ne pleurés pas, leur dit il, Sur moy, mais sur uous et sur uos enfans, esquels il predit les derniers malheurs.

1 L'honneur qu'il fait a cett estranger, c'est celuy qu'il uous presente en uos afflictions, le secours qui luy est donné, c'est celuy qu'il uous promet dans leur excés.

2 Suiuons et Compatissons au fils et a la Mere la plus desolée, et la plus resignée qui fust iamais; mais grauons ce diuin portrait si auant dans nos Cœurs qu'il ne s'en efface iamais.

30 Charité donnés nous des larmes pour nos Crimes, mais ne nous en refusés pas pour uos douleurs.

Iesus est crucifié

1 Estant arriué sur le mont de Caluaire, on luy presente
du vin detrempé auec du fiel, il en gousta pour en sa
uourer l'amertume, mais pour gouster a long traits
toutes ses douleurs, il refuse le reste qui luy eut causé
un assoupissement fauorable.

2 Lors estant mis a nud pour la derniere fois, on les
tend sur sa croix, en luy disloquant tous les mem:
bres, ou il est attaché par les mains, et les pieds auec des clö
3 Au haut on arbore un escriteau portant la Cause de sa
mort en ces termes Iesus de Nazareth Roy des Iuifs

1 Tels sont deuant Dieu les presents de tes bonnes œu:
ures, lors qu'elles sont meslées d'autre interest auec
le sien, tels sont ceux que te fait le monde, tousiours
meslés de fiel: purifiez les uns, et reiectez les autres.

2 Ta Croix est ton employ, les obligations d'y satisfaire
sont les clous qui t'y attachent, mais pour t'aquiter di:
gnement de tout, il faut tout quitter genereusement
a l'imitation de ton Iesus.

3 Mesme les titres d'honneur les plus legitimes
qu'il faut laisser deriere toy.

1 Enfin on esleué le sauueur auec la croix, laq.le tombant de roideur dans la fosse qui la deuoit receuoir renouuelle toutes ses playes et ses douleurs par une estrange secousse.

2 Ses ennemis s'en rient, ils luy reprochent comme a un usurpateur les qualités de Roy, de. Messie, et de fils de Dieu, et comme a un fourbe ses miracle, quil descende disent ils de la croix, sil est tel quil se uante, et nous croirons en luy

3 Ce pendant sa S.te mere toute transie de douleur adore ces mysteres, et les offre pour nostre salut, et celuy de tous les hommes.

1 Ce sont mes recidiues, mon Iesus qui renouuellent uos douleurs, rompés donc enfin mes liens, et tirés moy apres uous, mais mon Ame ny resistons pas, c'est ici quil faut abandonner la. terre, pô tirer uers le ciel auec nostre Sauueur.

2 C'est icy quil faut aprendre à mespriser les mespris les plus insuportables, et a ne contreuenir iamais a l'obeissance quelqu'apparence de bien qui se presente, c'est icy quil faut aprendre a ne differer iamais sa conuersiõ sur l'exemple de ses railleurs

3 Ie uous remercie diuine cooperatrice de n're salut, faite nous la grace de respondre a tant de graces.

A

Premiere parole de Iesus en croix en faueur de ses ennemis.

1. Le fils de Dieu estant ainsi exposé a tous les peuples, au milieu de deux larrons comme leur chef, chargé de toutes sortes doutrages comme le plus scelerat qui fut iamais, abandonné au plus fort de ses douleurs l'interest de sa propre personne, pour porter toutes ses pensées a faire du bien aux autheurs de ses maux.
2. Mon pere, s'escrie-il, pardonnés leur, car ils ne sçauent ce qu'ils font
3. Ce pendant les soldats tirent au sort sa tunique, qui estoit sans cousture, et partagent sa robe entre eux.

1. Diuin sauueur qui uoulés mourir entre un bon et un mauuais larron, pour faire connoistre a tout le monde que uous moures pour tout le monde, Apprenés nous a faire du bien a tous, a ne mespriser iamais la compagnie des pauures; et a conuerser auec les méchants de telle sorte, que nous ne prenions aucune part a leur malice.
2. Apprenés nous a couurir les deffauts d'autruy; a pardonner et faire du bien a nos plus grands ennemis
3. Apprenés nous a cherir la pauureté iusq'a la derniere nudité

Seconde parole du Sauueur en faueur du bon larron

1. Tandis que les soldats partagent les habits du sauueur, un des larrons deschire sa reputation; que ta puissance, dit il par raillerie, paroisse en faueur de ta liberté et de la nostre si tu es le messie
2. Son compagnon le reprend de son insolence, et faisant une confession publique de ses crimes, et une reconnoissance solemnelle de la sainteté du Sauueur, il le prie de se souuenir de luy, lors qu'il sera dans son royaume.
3. L'assurance du paradis suiuit le zele de ce S. penitent, dont Iesus luy promit la possession dés le iour même, pendant q' le mauuais larron se precipite dans les enfers.

1. Quel suiet de crainte ô pecheur, a la ueüe de ce méchant qui quitte la pensée de ses propres douleurs pour augmenter celles du sauueur, faite donc, bonté infinie, que nous craignions les suittes d'une mauuaise uie, puis qu'elle ne finit que dans le blaspheme et l'impenitence, lors même que uostre sang coule de toutes parts a gros bouillons pour effacer nos crimes
2. Mais quel suiet d'esperance! si par une bonne confession et la confiance aux bontés de Iesus nous imitons ce S. pecheur.
3. Ainsi la ueüe des croix est commune au ciel et a l'enfer, le bon ou le mauuais usage y met la difference.

Troisiesme parole du Sauueur en faueur de sa S.te Mere et de S. Iean.

1. Apres tant de soins pour le salut d'un pecheur, Iesus adresse sa parole a sa S.te Mere et a son bien aimé disciple, que l'horreur d'un tel spectacle et l'insolence des soldats n'auoient pû détacher de sa croix.
2. Femme, dit il monstrant S.t Iean de ses yeux, voila uostre fils; et tournant ses regards et sa voix uers ce S. adoptif, uoila, luy dit il, uostre mere.
3. Ces diuines paroles leur communiquerent en cet instant un esprit si conforme a ces eminentes qualités, qu'il n'y eut iamais une Mere plus affectionée enuers un bon fils, ny un fils plus respectueux enuers une si S. Mere.

1. Paresseux, uoyant tous les soins que cet adorable agonisant prent pour ses amis et ses ennemis au plus fort de ses douleurs, quell excuse auras tu pô tes negligences
2. Quels sentimens aurés uous deuots du sauueur, de la croix, et de sa S.te Mere de la bonté de Iesus, qui uous adresse ces paroles en la personne de S.t Iean, pour uous rendre ses successeurs aupres de sa S.te Mere si uous uoulés l'estre en la fidelité de ce grand sainct au seruice de l'un et de l'autre
3. Allons donc a la mere des fidels, sous la protection de ce S. adoptif. Allons a Iesus a la faueur de sa S.te Mere, mais par le chemin qu'il nous a frayé, c'est a dire la Croix.

Quatriesme parole de Iesus touchant ses peines interieures

1. Cette uraye source de lumieres estant preste de s'eclipser, le soleil perdit la sienne au point de son midi laissant toute la terre dans une obscurité generale par l'espace de trois heures.
2. Mais le sauueur permit qu'une nuict plus obscure se uint emparer de son ame, par l'exces de la tristesse, que luy causa l'abandon generale a toutes les douleurs du Corps et de l'esprit, sans aucune consolation
3. Cet abandon tira de sa diuine bouche cette pleinte amoureuse uers son pere, mais soumise a ses uolontés, Mon Dieu Mon Dieu pourquoy m'aues uous delaissé.

1. Les Creatures insensibles prenent le deüil a la mort du sauueur, et toy pecheur, luy donnant le coup de mort en ton ame, tu ne t'en fais que rire. Iesus souffre la croix, la nudité, les tenebres, par l'espace de trois heures pour ton salut, et tu luy refuse un moment pô considerer ses bontés, Iesus perd la ueüe de toutes les choses d'icy bas, pour t'apprendre a te bien disposer a la mort, et tu y cours tout plein des pensées de la terre
2. Quelle consolation dans les aridités, si on enuisage le sauueur sans aucune consolation dans les siennes
3. Que cette pleinte est S.te qui est soumise aux uolontés de Dieu.

A

Cinquiesme parole de nostre seigneur touchant sa soif.

1 L'éxces de ses douleurs, et la perte de tant de sang, qui des=
couloit de tous costés de son sacré corps, mais bien
plus les desirs ardens qu'il auoit de la perfection de tous
les hommes, et de l'accomplissement de tout ce qui a=
uoit esté predit touchant les misteres de sa passion, luy
causerent une soif si uiolente, quelle tira cette parole
de sa bouche adorable Iay soif.

2 La cruauté plustost que la charité d'un des assistans
le fait aussitost mettre en deuoir de luy presenter
quelque liqueur, mais la plus amere qui fut ia=
mais, et d'une maniere fort surprenante; il trempe
une esponge dans une potion aromatique, et puis
dans du uinaigre, et l'ayant attachée au bout d'une
longue canne auec un bouquet d'hisope, il la porte
a la bouche mourante du sauueur.

3 Iesus prend ce breuage sans se plaindre.

1 Auare, un Dieu donne tout son sang pour toy, c'est pou
toy qu'il souffre cette soif, et tu luy refuse une goutte
d'eau, qu'il te demande par la bouche d'un pauure:
delicat, tu te pleints de la soif, ou de quelque petite in=
commodité, legere peine de tes pechés, tandis qu'un.
Dieu la souffre pour t'en obtenir le pardon: Tu refuse
d'obeir a ses loix, et par tout il te donne des exemples
d'une parfaite obeissance s'il ne demande pô estancher sa
soif que ta saincteté, pour laquelle il a des desirs si ardens,
et tu luy en fais un honteux refus au preuidice de ton
salut: confondés uous donc a la ueüe de ses bontés, et
de uos malices, rougissés en, et faites penitence.

2 Rougissés de la maniere dont on sert ton createur,
rougissés encore plus de celle dont tu te fais seruir.

3 Mais apprens, qu'il ny a rien de trop amere ny de trop ru
de, pour le seruice de celuy qui a tant souffert pô ton salut.

B

1 Tant de cruautés n'ayans pû aßouuir la rage des Iuifs ils demanderent à Pilate la permißion de faire rompre les cuißes aux trois crucifiés, sous pretexte de pouuoir enle: uer leur corps, en leur donnant la mort auant le grande feste.

2 Le bon et le mauuais larron receut ce mauuais traitement.

3 Mais la mort du sauueur auancée par tant de souffrances, l'ayant exempté de cette derniere cruauté, il receut un coup de lance qu'un soldat luy porta dans le costé dont ayant tiré ce qui restoit de sang meslé auec de l'eau, il decouurit le cœur de Iesus et une source de graces qui ne tarirera iamais.

1 Plus la malice est artificieuse, plus ell' est criminelle; fuyons donc les subtilités dont on couure le uice sous des pretextes specieux.

2 Ainsi les bons et les méchans sont egalement exposés aux disgraces pour nous aprendre a ne pas fuir la uertu par la crainte des souffrances, qui l'accompagnent es quelles il n'y a rien a craindre que d'en faire un mauuais usage.

3 Il ne uous restoit donc plus, Mon Dieu que ce peu de sang, et uous le uoulés tout donner: ah quelle bonté! pô auoir nre cœur, uous nous ouurés et abandonés le uostre, ah quel azile!

1 Aussi tost que l'ame de Iesus fut separée de son Corps adorable, elle s'eslance uers les Limbes, suiuie dun grand nombre d'esprits bien heureux

2 Ces cachots fermez depuis tant de siecles a la lumiere, se trouuent en un instant changez en un paradis : Que d'adorations a la ueüe de cett' esclatante Maiesté ! que de ioye, et de consolation de la part de ces S.tes Captifs, et du S.t Larron qui les uint ioindre ?

3 Mais quelle rage de Iudas, des demons et des damnez ?

1 Apres cet exemple de charité, de Dieu enuers les hommes, et de cette S.te troupe enuers Dieu, y auroit il quelque chose, fus-ce la mort mesme qui te pût empecher de faire du bien aux affligez, et de suiure par tout ton Iesus.

2 Suiuons le mon ame, suiuons le, mais il faut pour le bien suiure, mourir a tout fors à Iesus, suiuons le dans les prisons, et les cachots, ne le quitons iamais, fus-ce dans les Enfers : auec Iesus tout se change en un paradis.

3 Mais auec les pecheurs on ne trouue qu'un enfer.

1 Ioseph d'Arimathie ne pouuant souffrir plus long temps son Iesus en croix, se declare hautement son disciple, et ua demander son corps à Pilate, qui luy accorde.

2 De ce pas il se transporte auec un linceuil fort blanc au pied de la Croix, et assisté de Nicodeme, et d'une s.te trouppe de Dames, il arache les clouds, et descend de ce funeste bois l'obiet de son amour, et de sa douleur.

3 La s.te Vierge le reçoit, mais auec quelle douleur! et quelle ioye! quel respect, et quels remercimens!

1. O les belles dispositions pour receuoir nostre Sauueur, le regret de le uoir en croix, pour nos pechez, une ferme resolution de l'en tirer a quelque prix que ce soit, par la penitence, protestation de uiure, et mourir son disciple, et un ardent desir de son pretieux corps.

2 Puis se ietter au pied de la croix du Sauueur, et ayant araché les clous qui l'y retiennent, par une entiere confession de nos pechez, luy presenter une conscience e piè

3 Et ainsi dans les sentimens de sa s.te Mere le receuoir auec amour.

On met le corps du Sauueur dans le sepulchre

1. La tres Ste Mere du sauueur apres mil respects rendus a sonsacré corps, le liure a cette trouppe charitable, qui l'ayant embaumé d'une drogue aromatique, l'enseuelit a la mode des Iuifs.
2. Puis l'ayant posé dans un tombeau taillé depuis peu dans le roc, par l'ordre et pour l'vsage de Ioseph d'Arimathie, on enferme l'entrée d'une fort grosse pierre.
3. Les ennemis du sauueur, pour en rendre l'acces plus difficile a ses disciples, de peur quils ne uinßent enleuer le corps de leur diuin maistre a la faueur de la nuit, y font mettre le sceau du gouuerneur, et une sorte garnison.

1. Excelens moyens pour retenir en nous le diuin époux de nos ames. 1 l'embaumer des parfuns des uertus par des actes de foy.
2. Puis banißant tout autre obiet que celuy de IESUS, et mourant a tout, fors a celuy, qui a uoulu mourir a tout, pour nous donner la uie, l'enseuelir dans un cœur aussi impenetrable a tout autre, que ce roc, aussi insensible et fermé a toutes les creatures, que ce tombeau.
3. Enfin agreant uolontiers de la part de nos ennemis cette fauorable garnison, quils donnent a nos sens par les afflictions, combattre puis amentir leur reuolte.

39

Iesus Christ resuscite glorieux.

1 Le troisiesme iour apres la mort du sauueur, dés le matin, son ame bien heureuse quittant les limbes se vint reünir a son corps adorable.

2 Lors tout brillant de lumieres, uictorieux de la mort, du monde, et du Diable, il sort de son tombeau sans y faire aucune ouuerture, accompagné de grand nombre de sainct resuscitez et d'une infinité de S.tes Ames.

3 Tandis que les soldats qui estoient a la garde du tombeau, demeurent enseuelis dans le someil, ou transsis de peur, a la ueüe de ce quils ne peuuent conceuoir.

1 Allons mon ame, allons promptement consoler les affligés a l'exemple de ce diuin consolateur, qui ne pouuant souffrir plus long temps ses disciples dans l'affliction de so absence accomplit dés le point du iour le mistere de sa resurectio

2 Penetrés mon coeur ò Iesus de uos diuines lumieres pô en dissiper les tenebres, ou le tiennent enguugés le monde, et le Demon, afin que resuscitant a la grace, il chante enfin auec cette S.te troupe les louanges de uostre triomphe.

3 Mais pô obtenir cette faueur, fuyons les mauuaises copagnies qui nous engageroient dans les troubles ou dans les assoupissemes.

Iesus apparoist a la Ste Vierge

1 Si cét adorable resuscité honora de ses uisites plusieurs de ses disciples, auec quelle promptitude en gratifia il saSte Mere, qui ayant eu plus de part en ses afflictions, en deuoit plus esperer a sa gloire.

2 O quelle ioye a cett'entreüeue de la part de cette Ste Mere? quelles curreßes de la part de son fils adorable?

3 Mais que de respects et de remercimens de ces ames bienheureuses et de ces grands saincts resuscités à cett aimable cooperatrice de leur salut.

1 Attachons nous, mon ame, aupres de cette Ste Dame, si nous uoulons souuent iouir de la presence de nostre diuin sauueur. Mais suiuons la dans ses afflictions, si nous uoulous auoir part a ses consolations.

2 Cést icy quil faut s'abandonner auec Iesus et Marie a la ioye de leur bonheur, et aux curreßes respectueuses enuers Iesus et Marie, sans crainte d'aucun excès.

3 Soyons de la partie, ioignons nos remercimens et nos respects aux leur, po auoir part au bonheur de leg gloire.

1 Pendant que dés le grand matin les S.tes amantes du
sauueur portoient leur parfuns au tombeau, l'esclat
d'un Ange qui destourna la pierre, qui enfermoit la
premiere entrée et un grand tremblem.t de terre don-
nerent tant de frayeur aux gardes, quils en pen-
serent mourir sur l'heure .

2 Aussi si ses uestemens estoient blancs come la neige, sa
face retoit des esclairs plus eclatans q. ceux de la foudre

3 Mais ces S. Dames pouß ées du desir, et de l'esperance
d'y uoir le bon maistre, y entrerent fors S. Magdeleine
qui se retira dans la Crainte, et la creance quon eut enleué son[...]

1. Ah quelle bonheur, a celuy qui cherche Dieu de bonne
heure, et poursuit uiuement le bien quil à unefois entrepris par sa s.te grace! mais quel malheur à ceux qui
n'aprochent de Dieu, que pour s'opofer a ses s.tes uolontes

2 Ce qui console les bons, scandalise souuent les meschans
pour les premiers, il n'i a que douceur, et que ioye pour
les autres q'ues clats, et que foudres .

3 Differents mais S.tes effects de l'amour; aprenés nous qu'il
ne faut craindre quen esperant, et n'esperer quen
crainte, mais que tout est bon a celuy qui ayme
Dieu parfaitement .

L'ange annonce la Resurrection aux sainctes Dames.

1 Des le premier pas quelles firent dans cette grotte, une S.te frayeur les saisit a la ueüe de l'ange: mais elle fut suiuie de la bonne nouuelle de la resurrectiõ du sauueur quil les. anõça, les. cõmendant de banir leur crainte.

2 Il adiouta un ordre expres, d'en faire part a ses disciples, et particulierement as.t Pierre.

3 Puis leur crainte augmentant a la ueüe du tombeau, quelles trouuerent vuide, deux autres anges suruinren pour leur faire le reproche d'auoir cherché parmy les morts l'autheur de la uie, qui uenoit de resusciter.

1 Donnés nous mon Dieu de tels frayeurs, pour ueu que uõ nous en donniés de tels suiets: ah qu'il uaut mieux cõmencer par la crainte qui doit estre suiuie d'une telle consolation, que par de uaines consolations, qui n'ont autre suitte que le trouble, et la crainte: mais heureuse la crainte qui no feroit resusciter a la grace de l'estat qui nous fait craindre

2 Allons donc apprendre les uerités de celuy, a qui Dieu prent tant de soing de les apprendre.

3 Et fuyons ceux qui sont morts a la grace, si nous uoulõ trouuer l'autheur de la uie et resusciter auec luy.

Sainct Pierre et Sainct Iean vont au tombeau du fils de Dieu.

1. Cependant S.t Pierre et S.t Iean sur la fauße alarme que leur donna S.te Magdeleine qu'on auoit enleué son seig.r Contre les aßurances que donnoient les autres Dames de sa resurrection, se mettent en chemin pour en connoistre la uerité.

2. S.t Iean deuance, mais son zele cédant a son respect, le Chef uisible de l'église entre le premier dans la grotte,

3. Ou ayans tous deux reconnus les linges du sauueur et son suaire, ils ne purent desnier leur creance a des signes si euidens de sa resurrection, ni leur cœurs au s.t transport qui les saisit à leur retour.

1. Imitons les diuins transports de cette grande saincte dans la crainte de perdre son IESUS : helas combien de fois en auons nous eu plus de suiet : imitons sa soumißion a l'Eglise pour la decision de nos doutes.

2. Imitons le zele de ce bien aimé disciple du Sauueur : mais n'oublions iamais la deferance au chef de son Eglise ; suiuons la charité en la personne de S.t Iean, et la foy, qui en est le fondement, en celle de S.t Pierre.

3. Apprenons par leur prudence a ne pas croire legerem.t mesme aux ames les plus esleuées ; et a ne pas denier nostre Creance aux uerités, que Iesus a reuelé a son Eglise.

Iesus Christ apparoit à S.te Magdeleine.

1 S.te Magdeleine estant restée a l'éntrée du tombeau, quell'arousoit de ses larmes, aperçeut deux Anges qui luy demanderent le suiet de ses pleurs.

2 Mais a peine eut elle respondu qu'on auoit enleué son Seigneur, quil parust aussitost luy mesme sous la fi: gure d'un Iardinier, luy faisant la mesme demande.

3 Elle le Coniure de luy dire ou il auoit mis ce pretieux dépost, lors l'apelant seulement par son nom de Marie, elle le reconnoit, l'apelle son maistre, se iette a ses pieds, quell'alloit ambrasser s'il ne l'eust empesché; puis la renuoye uers ses disciples, quil traite de freres, pour leur annoncer son prochain depart uers le Ciel.

1 Allons a ce sacré tombeau, allons y pleurer la mort d'un Dieu, allons y pleurer nos pechez, qui l'ont mis en cet estat. mais donnons y des larmes de ioye a sa resur: rection, et pour la nostre future a la grace et a la gloire.

2 Allons auec confiance découurir nos peines, et nos afflictions, a celuy qui ne les ignorant pas, les ueut ap: prendre de nous mesmes; et a ceux qui sont enuoyés de sa part, sous quelles formes quils nous parroissent.

3 Et redoublans nos desirs de le uoir, adressons nous a sa s.te Amante, mais a sa tres s.te mere, dont le nom seul peut desiller nos yeux, pour nous faire uoir ce cher obiet de nos ioyes, et le traiter en Dieu, et en frere tout ensemble.

1 Sᵗᵉ Magdeleine ayant reioint ses ſᵗᵉˢ Compagnes esplo-
rées, et leur faisant part de lhonneur quelle auoit receu de
la part de son IESUS, il leur aparoit soudainement, en
leur donnant le salut le plus agreable qui fut iamais.
2 Elles se prosternent a ses pieds, et les ambraßans, et
baisans mil fois, elles luy rendent leur adorations, a-
uec des respects qui ne furent pas exempts de crainte
3 Aussi leur commanda il de la bannir, et d'aller dire á ses freres, qu'ils allaßent en Galilée, ou ils
auroient lhonneur de le uoir.

1 Sᵗᵉˢ desirs, torrens de larmes, perseuerance qſ. no b-
tiendrés uous pas, puis qſ Dieu mesme est ure recompense.
2 Ha quil fait bon chercher Dieu en union de coeur ou de
presence auec des ſᵗᵉˢ ames, puis que Sᵗᵉ Magdeleine,
n'ayant pu ambraßer ses pieds, estant seule, elle a lhonneur de les baiser á son aise en cette ſ. compagnie mais
quil est utile de ne se trop arester aux consolations et à souffrir quelque rebut, puis qu'on en est si bien recompensé.
30 bontés, o tendreßes de Iesus enuers les ames, qui l'aiment sincereme et qui le cherchent constament.

Iesus apparoit aux deux disciples allans en Emaus.

1 Deux disciples du Sauueur s'entretenans de l'excès de ses souffrances sur le chemin d'Emaüs, il suruient luy mesme inconnu, et apres qu'ils lui eurent declaré le suiet de leur entretien, et de leur tristesse, il leur monstra par les textes de l'écriture, qu'il ne deuoit paruenir a la gloire que par le chemin des souffrances.

2 Estant proche du village, et feignant de uouloir aller plus loing, leur ciuilité l'obligea de demeurer auec eux

3 Iusques a ce que s'estans mis a table, et leur ayant presenté le pain qu'il uenoit de benir, il disparut a leurs yeux aussitost qu'ils l'eurent reconnus; mais non pas a leurs coeurs, qui en demeurerent si ambrasés, qu'ils allerent sur l'heure en donner aduis a ses disciples en grande diligence.

1 Heureuse condition des affligez, et de ceux qui parlent souuent de Dieu, puis qu'elle abaisse un Dieu iusqu'a la Creature, et quell'esleue l'homme au point de l'auoir pour compagnon de son uoyage; heureux celuy qui luy decouure naiuement ses infirmitez, puis qu'il recoit l'honneur d'auoir pour medecin le grand maistre de la uie, et de la mort: Mais malheur a ceux qui pretendent tenir un autre chemin que celuy des souffrances, q̃ ce grand medecin de nos ames a santifié par ses peines

2 Si parler de Iesus le fait uenir a nous, pour le Conseruer, et retenir auec nous, il n'y a qu'a passer des paroles aux œuures.

3 Et pour le posseder entierement, aller a sa saincte Table.

47

Il apparoit a ses disciples en l'absence de S. Thomas.

1 Quoy que dans l'assembleé la plus S.te qui fut au monde, quelques uns donnaßent creance a la resurection du sauueur sur la relation de S. Pierre, toutesfois la plus grande partie demeura dans le doubte.

2 Mais nostre seigneur les uoulant tirer de leur erreur, se presente tout dun coup a leur yeux, en leur portant la paix par un diuin salut: la Crainte les saisit croyans uoir un esprit, mais pour les asseurer, il leur commande de toucher ses sacrées plajes, et mange en leS. presence

3 Puis en reiterant le salut de paix, il leur donne leurmission sur le modele de celle, qu'il auoit receu deson pere, et par un souffle de sa bouche adorable, le sainct Esprit, et le pouuoir de remettre les pechez.

1 Craignons donc, mais plustost tenons ferme sur cette pierre fondamentale de l'Eglise, hors de laquele il n'y a q. confusion,

2 Que de bonté pour vos disciples mon Iesus! mais quelle bonté pour nous! pour qui uous n'espargnés pas mesme ure propre personne, uous abaißant tous les iours, non come uous fiste lors, iusqu'a manger auec nous, mais iusqu'a uous donner uous mesme en nouriture a des pecheurs au tres S.t sacrement de l'Autel,

3 Confondons nous a la ueüe de ce prodige d'amour, qui honore les vns d'un pouuoir qui n'apartenoit qu'a Dieu seul, et gratifie les autres d'un moyen si facile pórentrer en ses bonnes graces, en leur donnant pourjuges, leur freres, leur amis, et des pecheurs come eux.

48

Il apparoist aux onze disciples en la presence de St Thomas.

1 St Thomas estant de retour, sur le reçit qui luy fut fait de l'apparition du Sauueur, il proteste de n'en rien croire à moins qf. de le uoir, et toucher ses playes de ses ppres mains.

2 IESUS luy estant apparu huict iours apres au milieu de ses disciples, lui commande de porter la main dans ses playes

3 Lors St Thomas n'ayant plus de paroles, que pour le declarer son Seigneur, et son Dieu, il recpit ce reproche et tous les fidels cette belle instruction, par ce que uous m'aués veu, uous aués crû, heureux ceux qui ont crû sans me uoir

1 Aprenons par cet exemple les auantages d'une bonne compagnie, et combien il est dangereux de s'en esloigner

2 Mais admirons la bonté de nostre Seigneur, qui prent tant de soin de la conuersion d'une seule ame, pendant que par nos mauuais exemples, ou par nos negligences nous laissons perir faute d'instruction, mesme ceux que Dieu a commis a nostre charge.

3 Quelle consolation pour les fidels, mais quel suiet de crainte pour ceux qui demandent tant de preuues des verités de la foy.

Il apparoist a sept de ses disciples sur la Mer de Galilée.

1 S.t Pierre estant allé pescher auec six de ses compagnons, trauaille toute la nuict sans rien prendre.

2 Nostre seigneur leur uient demander du poisson des le matin, et sur la responce quils nen auoient pas, leur ayant commandé de ietter le filet, ils le firent auec tant de succes, quils prirent cincq.te trois gros poisson

3 A ce miracle S.t Iean le reconnoist, il en aduertit S.t Pierre qui se iette a leau pour aller au deuant, tandis que les autres tirans leur filets sapprochent du riuage, ou ils trouuerent un gros poisson sur les charbons, et du pain que Iesus leur auoit preparé pour leur disner.

1. Aprenons que tout ce qui se fait dans les tenebres du peché et du propre interest, donne beaucoup de trauail sans aucun fruict.

2 Et que tout ce qui se fait en ueüe de Dieu et par obeissance, donne beaucoup de fruit pour peu de trauail, aprenons qun des moyens des plus efficace pour disposer les pecheurs a receuoir les graces spirituelles, est de sinsinuer dans leur cœurs par les charites temporelles

3 Aprenons a tout risquer pour posseder un Dieu, et bien trauailler en cette uie, pour auoir part au banquet eternel, que sa bonté a preparé pour ses eslus en l'autre.

1 Apres le disner Iesus demanda par trois fois a St. Pierre, s'il l'aymoit, méme plus que les autres, et luy ayant tousiours respondu, uous sçauez Seigneur que ie uous aymé, il l'establit pasteur de ses agneaux et de ses brebis.

2 Iesus luy declare en suitte qu'il luy faudra morir d'un genre de mort, dont il sera d'autant plus honoré, qu'il aura plus de raport a la siènne, et moins aux sentimens de la nature.

3 Et pour encourager St. Pierre aux deuoirs de sa charge, et a une si glorieuse mort, le sauueur luy dit Suiues moy.

1 Que respondrions nous a Dieu s'il nous faisoit cette demande! Oserions nous bien dire qu'il sçait que nous l'aimons! que dirons nous si estant obligés par les auantages de nostre condition a une plus eminente charité, nous en auons toutesfois si peu pour Dieu, pour nostre prochain, et pour nous mesme.

2 Quels respects ne merite point ce prince des Apostres! que nostre seigneur ueut luy estre semblable en sa uie, et en sa mort.

3 Suiuons donc par tout ce cher pasteur de nos ames, et de toute l'eglise; car le suiure ainsi, c'est suiure Iesus Christ.

Nostre Seigneur apparoist a tous ses disciples sur une montagne de Galilée

1 Tous les disciples s'éstans transportés en Galilée sur
la montagne, que le Sauueur leur auoit designé, il s'y,
fait uoir à tous, et ayant receu leur adorations, il leur
declare la puiß ance absoliie, que son pere luy auoit
donné au Ciel et en la terre .

2 Il les enuoye par toute la terre pour prescher son e-
uangile et ses maximes a toutes les nations, leur cōman-
dant de les baptiser au nō. du Pere et du fils et du st. Esprit

3 Et les assure quil sera auec eux iusqu'à la fin des siecles .

1 Quittons cette uaiée de misere, et nous portons au
plus haut de la perfection auec ces grands saincts,
pour y uoir le sainct des saincts en sa gloire .

2 Remercions sa diuine bonté, d'appeler, ainsi tous
les hommes a sa connoiß ance, et de les honorer par
le baptesme de la qualité d'enfans de Dieu, de freres,
et de coheritiers de Iesus Christ .

3 Entreprenons donc hardiment les bonnes œuures, sa grace ne nous manquera iamais puis que sa parole est infaillible.

1 Les disciples estans de retour en Ierusalem nostre seigneur
le s'apparoist pour la derniere fois : ce fut sur leur repas, ou
apres le reproche de leur incredulité, il leur produisit les pas-
sages des s.tes lettres, et leur ouurit les prit p̄ les comprendre.

2 Le Sauueur leur ordonne de rechef de prescher par tout son
euangile, auec assurance du salut de Ceux qui croiront
et qui seront baptisez, et de la condemnation des autres : et
pour preuue et recompense de leur foy, il ne leur promet rien moins que le don des miracles.

3 Enfin pour gages de son amour, il leur reitere sa promes-
se de leur enuoyer le Dieu damour, son S. Esprit, quil leur
commande dattendre en Ierusalem, apres quils auront
assisté a son glorieux triomphe sur le mont des Oliues.

1 Rougissons mon ame, dauoir si souuent quitté un Dieu si
aimable et si aimant qui ne peut nous quitter apres toutes
nos infidelités et nos ingratitudes : aprenons le respect q;
nous deuons aux s.tes escritures par l'estime quil en fait lui mesme.

2 O Iesus la lumiere du monde, donnés nous l'intelli-
gence des maximes euangeliques, auec une foy si uiue,
quelle produise enfin le miracle de nostre conuersion.

3 O excés damour de Dieu enuers les hommes! o extreme ingratitude des hommes enuers Dieu! le pere
eternel nous a donné son fils, ce fils aymable nous enuoye
son S. Esprit, et le S. Esprit daigne bien habiter en nous, come dans ses urays temples. o souhaitable retraite qui nous
rend dignes de sa uisite, et de la possession dun tel hoste.

Iesus monte au Ciel.

1 Nostre Seigneur estant ariué, auec ses disciples,
sur le mont des Oliues, s'es leue uisiblement uers
le ciel, apres leur auoir donné sa benediction.

2 Ces bien-heureux disciples rauis de la gloire de
leur maistre, le suiuent de ueüe et d'affection,
mais enfin une nuée esclatante le derobe à
leur yeux.

3 Cependant IESUS demeure en leur Ame, et
s'y fait sentir par une S.te ioye, qui remplit leur cœurs de son amour, et leur bouches de ses louanges.

1 O Aimable IESUS, tirés nous apres uous, et re-
glés tous nos pas, affin que marchants sur les
uostres nous uous suiuions en uostre gloire.

2 faites nous part, o S.te trouppe, des sentimens que uous iy
pire nostre diuin sauueur, et si quelqu obscure nuage
dans les aridités le derobe à nos yeux, priés le q.l ne per-
mette iamais qu'aucune affectió de la terre le derobe a nos cœurs.

3 Faite o Dieu de gloire que nos coeurs ne soient iamais ou-
uerts qu'a de semblables ioyes, et nos bouches que p.o for-
mer des cantiques de louanges a l'hoñeur d'un si glorieux triomphe.

La descente du S.t Esprit

1 Cinquante iours apres la Resurrection de nostre sei
gneur, mais apres de longues, et feruentes prieres, ses dis
ciples estants dans le cenacle auec la s.te Vierge, il se fit un
grand bruit au Ciel comme d'un grand uent es leué tout
a coup, qui se rependit aussi tost dans toute la maison.

2 Ce uent impetueux fust suiui de plusieurs langues
de feu, les quelles se reposans sur chacun des assistans
ils se trouuerent en un instant remplis du S. Esprit.

3 Et d'une infinité de dons, entre les quels celuy de pres
cher les grandeurs de Dieu en toutes langues, et sans crain
te, fut un prodige qui donna de l'estonem.t a tout le monde.

1 Reconnoissés qu'il n'est point de moyen plus efficace, que
la retraite, l'oraison, et la Compagnie des saints pour se
bien disposer à receuoir le S. Esprit, qui ne s'es tant donné
qu'a ceux qui estoient dans le cenacle auec la s. Vierge, ne se Commu
nique qu'a ceux qui sont dans l'eglise et rendent mil deuoirs a sa tres S.te *Espouse

2 Ne Craignés donc plus Ames timides le bruit, et les esclairs,
puis que c'est par cette uoye, c'est à dire par les afflictions,
que ce grand Dieu d'amour et de paix uient a nous.

3 Mais auec tant de graces, qu'il n'y a plus de Crainte que
pour le peché, plus d'amour que pour les croix, de
paroles que pour le louer, et de Zele que pour sa gloire.

* Sur tout a ceus qui

Le trespas de la S.te Vierge.

1 Si la charité du sauueur enuers ses disciples ne luy pût permettre de se retirer, qu'en leur laißant sa S.te Mere pô leur seruir d'exemple, et leur enuoyant son S.t Esprit pour les instruire en son absence; aussi né put il souffrir plus long temps dans les souffrances de son exil, et l'atente de la recompense deüe à tant de merites.

2 Il permit donc à la mort de l'attaquer.

3 Aussitost conspirant auec l'amour, elle separe son Ame de son corps, côme par un doux sômeil, ou plus tost un S.t transport de l'amour diuin qui la porta dans le sein du pere eternel entre les sacrees mains de son fils.

1 Apres la grace que nostre seigneur nous fait de demeurer auec nous, il nous met encore sous la protectiô de sa S. Mere, q.le est nrc reconoißance enuers Ies usq.le nre confiance en.

2 O secret admirable de la bonté diuine! la mort qui n'estoit que la peine du peché deuient la recompense des plus belles actions, depuis que nostre seigneur la sanctifiée en sa suietißant a ses loix pour l'amour de nous. Marie

3 Ne la craignons donc plus, mourons, et mourons d'amour à l'exemple du fils et de la Mere, mais apres une uie d'amour, qui nous faße mourir a tout pour ne uiure en ce monde et en l'autre qu'a Iesus et a Marie.

Les Apostres portent son corps dans le tombeau.

1 Cett'Ame mil fois bien heureuse, s'estant liurée entre les mains de son fils adorable, elle abandone son corps en celles de ses s.tes amantes, qui l'ayant laué dans un torrent de larmes, le mettent entre les mains des Apostres.

2 Les premiers d'entre eux se chargent auec respect des sacrées reliques de leur s.te maitresse, les quels, accompagnez d'un grand conuoy de fidels, les portent dans le tombeau.

3 Cependant les esprits bien heureux font retentir l'air de toutes parts des cantiques de ses loüanges.

1 Apres auoir donné des larmes de tristesse et de ioye à la mort et à la gloire de cett'adorable deffunte, suiuons ce s.t conuoy à la ueüe de tout ce qu'il y a de plus auguste au ciel et en la terre.

2 Et sans craindre le reproche de trop de curiosité, entretenons nous de ses actions heroiques et de ses grands tresors, mais tresors de uertus qui font son unique succession, et que ce ne soit pas sans porter enuie à ses heritiers.

3 O Iesus, ó Marie, ó Ioseph, n'en serons nous point du nombre.

1 Ce sacré dépost estant resté aßés long temps en terre, pour y faire germer une infinité de Vierges et de S.tes amantes de Iesus et Marie, ce fils adorable uient reunir a ce sacré corps son Ame glorieuse.

2 Außitost la tres S.te Vierge triomphante de la mort, appuyée sur son diuin fils, et suiuie d'une troupe innombrable de bienheureux esprits, s'esleue uers le Ciel empirée.

3 D'ou attirant les Ames bienheureuses de l'église triomphante qui uiennent au deuant de leur Reyne, elle enleue apres soy les coeurs de la militante, qui ne se peuuent separer de leur saincte maistreße.

1 Suiuons mon Ame cet exemple, ne nous arestons a la terre que pó. la gloire de Dieu et le salut du prochain, mais pour peu de temps, et tousiours en estat de mort qui nous tienne comme dans un interdit general de tous nos sens.

2 Faite mon Dieu, faite Reyne des Anges et des hommes, que nos affections, et nos pensees uous suiuent si fidelem.t dans le Ciel, qu'elles ne reflechißent iamais sur la terre, que pour en auoir du mespris.

3 Faite que nos coeurs et nos langues par un S.t Concert, auec les Anges, ne respirent iamais que uostre amour et ne chantent que uos louanges.

Couronnement de la S.te Vierge dans le ciel.

1 Enfin ce bel astre tout esclatant des rayons de son di
uin soleil se rend aux pieds de la tres S.te Trinité.
2 Ou participant beaucoup plus a sa gloire que toutes
les autres creatures ensemble, elle se trouue comblée
de tant de dons, que côme ils sont au dessus de nos connoi-
sances, ils ne peuuent estre que l'obiet de nos admirations
3 Mais de nostre Confiance enuers celle, que toute la tres S.te
Trinité declare hautement Reyne du Ciel et de la terre.

1 C'est a ce coup mon ame quil faut abandonner la terre
pour suiure a la faueur de ses diuines lumieres, l'obiet de
nos plus purs amours, le plus sainct et le plus adorable
qui fut iamais entre les pures creatures.
2 C'est maintenant quil faut aller a Dieu, par l'intercession
et limitation des uertus de cette saincte incomparable, qui
estant penetrée dans l'excès de sa gloire d'une maniere incom-
prehensible de ce diuin esprit en est inseparable pô toute l'eternité.

3 Souffrés donc grande Reyne du Ciel et de la terre que pressés de la ueüe de nos crimes, et du regret de les
auoir commis, nous nous iettions a uos pieds côme des suiets rebelles, mais uaincus deuant le throsne de la
Mere de misericorde, souffrés que nous nous iettions entre uos bras, côme les enfans de uos douleurs,
mais la cause, bien que criminelle, de uos plus grandes ioyes, dans l'esperance que uos bontes ouuriront
uostre cœur charitable a nos coeurs, que nous uous consacrons pour iamais, affin que uous les ioigniés in-
dissolublem.t a celuy de Iesus auec le lien du mesme amour, qui rend uos sacrés cœurs inseparables pô toute l'eternité.